Luis Alexandre Ribeiro Branco

Poesias Selecionadas

Verdade na Prática
Petrópolis, RJ, Brasil
2015

Poesias Selecionadas

Este livro reúne uma coletânea de poesias cuidadosamente selecionadas do acervo do poeta luso-brasileiro Luis A R Branco. São poesias escritas com o sentimento, com a mente e com a beleza das palavras da nossa magnífica língua portuguesa. A característica fundamental desta seleção de poesias está na expressão dos sentimentos em forma de palavras, palavras estas que são puro sentimento. Como escreveu o autor: "A vida passa e deixa um rasto de saudade," São estes rastos de saudade, de nostalgia, de dor e de prazer que o autor busca expressar. Este livro é, portanto, um convite para um mergulho para dentro de nós próprios, onde poderemos conhecermo-nos melhor.

Copyright

© 2015 Luis Alexandre Ribeiro Branco

Este livro é licenciado apenas para sua leitura pessoal. Se você gostaria de compartilhar este livro com alguém, por favor, compre uma cópia adicional para cada destinatário. Se você está lendo este livro, mas não o comprou ou se não foi adquirido para o seu uso pessoal, por favor, devolva-o ao seu revendedor e compre a sua própria cópia. Obrigado por respeitar o trabalho duro deste autor.

Verdade na Prática®
ISBN: 978-85-917425-2-3
http://verdadenapratica.wordpress.com
Contato: contato@verdadenapratica.com
Tel.: +351 929 264 661

Apresentação

Ler Luis A R Branco, apenas, é indescritivelmente difícil. Não por ele usar palavras difíceis. Mas e sobretudo, porque seus textos levam o leitor a uma dimensão vivencial indelével. Ler o poeta, o escritor, o cronista, é seguir um tutorial onde a afinação da sua alma se enrosca nos pontos e virgulas e dão fraseados lindos a seus insights incríveis: "Minh'alma vive assustada pelo vento,/Tal como um pardal assustado/Pelo vendaval(...)."

Luis A R Branco, dá vida a suas poesias. Dá alma aos seus escritos. Isso é ser poeta. Isso é ser escritor. Deixa claramente no que escreve um rastro de si mesmo como pedacinhos de coração que atraem liberdade nas trilhas da vida. Exorta o todo, acaricia o quase e envaidece a harmonia quando diz: "A poesia retira-me deste mundo frio é insensível, /Para uma nova dimensão onde os sentimentos são entidades vivas (...)."

Luis A R Branco, inclu-se numa raríssima lista de sentimentais crônicos. Não os que tentam contra virtudes. Mas aqueles que fazem questão de procurá-la como porto seguro, nesse seu mar de talento, como o Atlântico, separando seu país natal daquele que escolheu para poetar e amar, numa missão importantíssima de fé eloquente. Mas uma Fé que liberta, que não aprisiona: "Se Hermes visse a filha de Adão,/Ter-lhe-ia encantado./Se no Olimpo ela vivesse,/Causaria inveja em todas as deusas. (...)."

Eis portanto, Luis A R Branco, alguém que elabora sua inteligência emocional voltada ao bem comum. Ao bem daqueles que conseguem enxergar arte em linhas sonoras de poesia. Luis A R Branco, enfim, é um maestro liderando uma orquestra sinfônica de sentidos, amores, paixões e verdades.

Mhario Lincoln
Jornalista, Poeta e Escritor

Dedicatória

Dedico esta obra em primeiro lugar à Deus, o autor e consumidor da minha fé.

Dedico também à minha esposa, com quem tenho a cada dia redescoberto o amor.

Dedico ainda aos meus leitores em todo o mundo lusófono.

Índice

Ansiedade 11
Alexandre 12
Torrão 13
Cigarro 16
Filha de Eva 18
Não temas a poesia 19
Camélias vermelhas 21
Pobre poeta 22
Sabiá 24
João de Barro 26
A paixão 27
A casa 29
O último gosto teu 31
Lábios 33
Penumbras da noite 34
Beija-flor 35
Rio Mondego 36
Anseios 37
Senilidade 38
Porcelana partida 39
Beleza 41
Vinho 42
Morte 43
Eternizando a saudade 44

Neve e fulgor 45
Buganvília..46
Janela 48
Crepúsculo..50
Tejo 52
Tua face de mulher.....................................53
Borboleta 54
Queria reinventar o mundo 56
Retalhos meus...59
Amor singular...62
Cinzas sobre um mesmo altar 64
Onde estás 66
Mulheres por um preço................................68
Noruega 70
Rastos..71
Noutro dia 73
Alentejo..74
Mãe..75
Menina moça 76
Você...77
A velhice nossa de cada dia 78
Os limites do amor.......................................80
Meu Portugal 82
A amizade nunca acaba 84
Magoei-te sem querer..................................86
Autor 87

Ansiedade

Um aperto no peito,
Um coração sem jeito,
Um futuro escuro,
Um chão frio e duro.
Um pensamento confuso,
Um destino sem rumo,
Um vento gelado na alma,
Um suor inexplicável nas palmas.
Um medo sem razão,
Um homem e sua aflição,
Um olhar incerto,
Um caminho deserto.
Um sentimento estranho,
Um paladar meio ranço,
Um dia que não termina,
Um esperar que desanima.
Um amor que não veio,
Um momento pintado de feio,
Um lírio que não nasceu,
Um angustiado adeus.

Alexandre

Fui dormir sem sono,
Levantei-me com vontade de dormir.
Uma espada de inquietude atravessou-me a alma,
Impedindo-me de sorrir.
Como um mar revolto são os meus sentimentos,
E como um fogo incontrolável são os meus pensamentos.
A noite tem sido para mim a continuação do dia,
E o dia o desespero pela noite.
Oxalá tivesse a força que irrogaram-me os homens,
E com a simples vontade levasse adiante a força do meu nome: Alexandre, o protetor do homem.

Torrão

A noite é escura,
As horas ligeiras atravessam a madrugada,
Meus olhos abertos, meus pensamentos dispersos e um sono que não anuncia a sua chegada.
Lembranças diversas,
Uma saudade perversa aperta-me o peito inflado por vozes, rostos, toques e cheiros que jamais voltarão,
Carrasco é a noite que me conduz sem piedade de mãos, pés e boca atados num suplício solitário que mágoa-me imensamente e sem pressa.
Reclamam que minhas poesias retratam por demais a dor,
Mas que escolha tenho eu se assim como Jó tenho não apenas o corpo, mas a alma coberta de chagas para as quais não encontro remédios?
Afasta-te de mim antes que tua alma também padeça por um sofrimento que não é teu.
Já não conto mais os meus mortos,
Já não conto mais as minhas chagas,
Vivo cada dor como se fora única, degustando o fel misturado ao meu cálice de vinho prateado.
Não tenhas pena de mim,
Não me julgue por minhas palavras,

Não me dê conselhos hipócritas na tentativa de amenizar a minha dor.
Cada uma das minhas chagas tem um nome,
Cada noite escura tem uma causa,
No entanto já me secaram as lágrimas, sinto minh'alma ressequida minguante como o gado sedento.
Deste torrão procuro extrair inutilmente alguma esperança, Esperança, seu pássaro rebelde que abandonou-me em dor,
Nada restou se não meus versos que causam espanto e horror.
E tu, por que julga meus versos se tua alma desconhece a minha dor?
Por que te escandalizas com as minhas palavras, se nunca sentiste seus sabores amargos?
Por que achas que toda dor é efémera, se nunca choraste até te secarem todas as lágrimas?
Ao contrário do que muitos pensam, não busco culpados, não busco razões, não procuro saber o destino daqueles que a vida de mim roubou.
Não busco piedade, não busco palavras adocicadas, não evito o sorriso retido ou desaparecido. Sou gente que sente, sou gente que chora as lágrimas secas pelo lado de fora da face, mas torrencial pelo lado de dentro.

Só quem amou pelo simples prazer de amar,
Amar gente imperfeita mas de alma desnuda,
Compreenderá a força dos meus versos.

Cigarro

Sinto uma saudade imensa de ti,
Saudade de te ver naquela janela
Soltando baforadas com teu cigarro.
Sinto saudades de descer as escadas e encontrar-te ali parado olhando a noite.
Olhando para o breu da noite pensando, sonhando, planejando ou lamentando, nunca hei de saber,
Minhas primeiras palavras eram: "Precisas deixar de fumar!" Com um sorriso desconcertado respondias: "Um dia deixo!"
Mentiroso, deixou nada!
E o que eu tanto temia te aconteceu,
O cigarro ceifou-te a vida, arrancou-te de nós,
E deixou um vazio enorme, do teu tamanho.
Quão insensível fui eu,
Nunca te perguntei por que fumavas.
Quem sabe uma dor escondida, um sonho não realizado, quem sabe uma preocupação, Nunca saberei, eu achava que sabia tudo e limitei-me em repreender-te, Ousadia desavergonhada a minha.
Agora nunca saberei as respostas.
Eu, teu crítico chato,
De ti só recebi sorrisos.

Como me arrependo!
Quem sabe eu não deveria ter fumado contigo?
Ou poderia simplesmente ter ficado ali contigo na janela contemplando o breu da noite .
E por deixar de fazê-lo, hoje sou consumido por esta saudade que insiste em ficar.
Amei-te sem saber o quanto,
Só hoje com este vazio no peito é que descobri a imensidão do meu amor.
Nada será capaz de nos unir novamente naquela janela.
A janela passou, eu passei, e tu definitivamente passaste, Mas hoje, em meu coração te reencontrei ali e prometi a mim mesmo que não irei implicar com teu cigarro,
Sim, ele foi teu assassino, mas também foi-te uma companhia silenciosa enquanto todas as noites contemplavas o breu,
Consumido em teus pensamentos.

Filha de Eva

Quanta beleza tem a mulher?
A natureza não poupou-lhe a formosura.
Mulher que a tantos encanta.
Linda demais para um só amor.
Se Hermes visse a filha de Adão,
Ter-lhe-ia encantado.
Se no Olimpo ela vivesse,
Causaria inveja em todas as deusas.
Vive na terra
Esta filha de Eva,
Despertando nos mortais filhos de Adão,
A paixão e o desejo só reservado aos homens.

Não temas a poesia

Não, não temas a poesia,
Sim, ela pode seduzir-te
Assim como os cantos das filhas de Achelous,
A dança da musa Terpsícore ou mesmo
Hermes, o sedutor do Olímpio.
Não, não temas a poesia,
Nem às palavras com seus encantos.
Sim, ela pode despertar em ti
A adormecida paixão.
Dar-te asas para levarem-te ao desatino.
Não, não temas a poesia,
Sim, é verdade que dizem que os poetas mentem.
Falam do amor inexistente como se fora realidade,
Mas verdadeiramente existe, porém,
Apenas para aquele que não teme.
Não, não temas a poesia,
Sim, é invólucro,
Mas nada disfarça.
Apenas o sentimento,
O amor, a indiferença, o alívio, a dor, a paixão, o desamor, a saudade e tantos outros sentimentos.
Não, não temas a poesia,
São palavras doces para os dias bons

E palavras amargas para os dias maus.
A poesia à todos encanta e envolve,
E importa-se com quem somos.

Camélias vermelhas

Usavas um vestido de chita florido
E eu trouxera uma camélia vermelha nas mãos.
Em nossas faces um sorriso,
Dava fim a solidão.
O céu e a terra eram só nossos,
Em nossos corações a imensidão.
Dei-te com amor a camélia vermelha
E tu a mim deste tua mão.
Teu vestido revelava teus ombros brancos e perfumados.
Minha camélia vermelha o ardor da minha paixão.
De mãos dadas seguimos pela vida,
Deixando para trás a solidão.

Pobre poeta

Pobre poeta,
Que lhe restou senão o sonho?
O sonho de transformar em palavras,
O que só existe em sentimentos.
Pobre poeta,
Que lhe restou senão falar de si mesmo?
Expressar com palavras por vezes arcaicas e de pouco entendimento, O seu sentimento mais profundo e mais privado.
Pobre poeta,
Não de riquezas ou conhecimento,
Mas por tornar tão público seus sonhos, dissabores, amores e solidão.
Ser julgado por todos que desconhecem-lhe o coração.
Pobre poeta,
Castigado por uma solidão inexplicável,
Apaixonado por um amor inexistente,
Um prisioneiro de seus próprios sentimentos e pensamentos.
Pobre poeta,
Sem saber revigora muitos, sem saber restaura esperanças, sem saber conforta o coração do solitário

e alimenta o amor dos apaixonados.

Uma simples folha de papel, por vezes um guardanapos, uma caneta sem luxo ou um lápis de ponta afiada,

Seus instrumentos mais preciosos quando atravessa a madrugada.

Sabiá

Sua beleza é como colírio para os meus olhos,
Seu sorriso como um bálsamo capaz de apaziguar toda a dor da solidão, Seus olhos são as janelas de um novo mundo onde só encontramos o amor.
Meu pecado é adimirar-te demais,
Minha dor é saber que nunca te poderei ter,
Minha angústia é amar-te é viver sem te conhecer.
Dura a sina que me prescreveu o amor,
Aprisionou-me como pássaro na gaiola que chamamos de amor, Que me resta se não aceitar o destino que a vida me outorgou.
Quisera eu ter asas para voar.
Pousar numa laranjeira de onde pudesse te observar,
E como pássaro solitário juntar o meu choro ao canto do sabiá.
Duro ofício o do poeta,
Amar sem saber a quem,
Grande gosto é o do poeta por te amar como mais ninguém.
Que são meus versos senão conforto ao meu próprio coração, Sou poeta sem magia e sem alquimia para conquistar teu coração,
Dá-me apenas um sorriso e me basta para com ele

junto aos pássaros fazer verão.

João de Barro

No frenesim do dia a dia na cidade,
Numa laurácea a beira do rio,
O João de Barro construiu seu ninho,
Indiferente a toda desordem causada por seus vizinhos.
Misturam-se em minha memória o João de Barro, o poeta, e o João de Barro, o passarinho,
Ambos transmitem a saudade de um viver sozinho.
O poeta versou:

> *"Sorri quando a dor te torturar*
> *E a saudade atormentar*
> *Os teus dias tristonhos vazios"*

Na laurácea gorjeou o João de Barro na solidão do seu ninho.
Feliz fui eu que debaixo da laurácea abriguei-me,
Enquanto contemplava o ninho do João de Barro,
Lendo as poesias do poeta, também João de Barro, que não abandonou-me sozinho,
A cidade segue agitada e eu aqui com um poeta e um passarinho.

A paixão

A paixão é a forma mais gostosa de amar.
É a chama que arde no peito e inquieta o mais quieto dos homens.
A paixão é a coragem de enfrentar todos os perigos para estar contigo.
É a disposição de percorrer todas as distâncias para lançar-me nos teus braços.
A paixão é esta dor que agoniza-me enquanto estou longe de ti.
É o prazer inefável que só é possível de encontrar ao teu lado.
A paixão é a alegria de ouvir tua voz.
É a tristeza de te ver partir.
A paixão é o desejo insaciável de possuir.
É entregar-me totalmente a ti.
A paixão é perscrutar o teu corpo com minúcia.
É conhecer todos os detalhes do teu ser.
A paixão é o falar desinibido.
É demonstrar o quanto importas para mim.
A paixão é o ser simples para que tu sejas especial.
É o querer-te bem.
A paixão é executar todos os sacrifícios em busca de um sorriso teu.

É lutar para conquistar o teu amor.
A paixão é sentir-me pobre longe de ti.
É sentir-me um nobre quando estou ao teu lado.
A paixão é olhar nos teus olhos é ver a felicidade.
É ouvir a tua voz e estremecer de desejo.
A paixão é sentir o teu toque e descobrir o prazer.
É querer nunca mais me afastar de ti.
A paixão é a redescoberta da vida.
É uma razão elevada para viver.
A paixão é te querer sempre.
É dizer que sem ti já não consigo viver.

A casa

Numa rua agitada,
Com carros que vão e vêm,
Há uma fachada sem graça
E o número pintado e gasto pelo tempo,
Que guarda várias histórias.
Para contar todas estas histórias
Seriam necessárias mil e uma noites.
Histórias de amores e história de dores.
Ao passar pelo estreito portão de ferro,
Sobe-se alguns degraus em desnível.
Lá dentro somos recepcionados pela cadela Arlete.
Este deve ser o único lugar no mundo com uma cadela com este nome.
Seu semblante sofrido e seu corpo disforme revelam a história de uma cadela infeliz,
Mas que agora faz festa por ter encontrado lar.
Cachorros e homens sofrem das mesmas mazelas: a falta de amor e a saudade.
A esquerda, há um corredor estreito e longo,
Onde encontramos uma porta fechada
E sinais de que alguém ali habitou.
Uma porta outrora sempre aberta,
Um corredor no passado tão agitado guarda trancado

o silêncio dos que dali se foram.

Nada pior que uma casa vazia,

Vazia de gente,

Vazia de amores,

Repleta de memórias

E repleta de saudades.

Há uma ausência insuportável no ar,

Há uma lembrança inesquecível em cada centímetro quadrado daquele lugar.

Há um relógio grande pendurado na parede,

Mas o tempo ali parece ter parado,

Parou na saudade.

Falta um quadro na parede,

Um quadro de todos nós,

Um quadro com pessoas sorridentes.

Com a frase: Aqui onde outrora habitou a felicidade, hoje habita a saudade.

O último gosto teu

Naquela noite enluarada,
Me disseste adeus.
Num último instante,
Meus olhos encontraram os teus.
Um olhar distante,
Umas mãos geladas.
Uma indiferença,
A solitária estrada.
Ao fim da rua,
Nem mais uma sombra tua.
Restava-me a lua,
E no peito uma saudade tua.
Engoli seco,
O último gosto teu.
Caminhei sobre as pedras da rua,
Ouvindo os passos meus.
Foi um adeus sem volta.
Tu para teu lado,
E eu para o meu.
Como seria possível viver sem o perfume teu?
Findou a estrada,
Findaram-se minhas lágrimas.
Esvaiu-se a saudade,

Restou a vazia lembrança de que um dia fui teu.

Lábios

O beijo com o qual conheci-te,
Envolvendo-nos em paixão e ternura,
Numa noite fria, numa praça pouco iluminada,
Foi também o beijo com o qual disseste-me adeus.
O primeiro beijo envolveu-nos em luxúria,
Enquanto o último separou-nos numa leve ternura,
Uma ternura que sabia a fel.
Que lábio são estes que proporcionam doçura e amargura?
Que lábios são estes que proporcionam alegria e tristeza?
Que lábios são estes que proporcionam proximidade e distância?
O primeiro beijo foi adocicadamente ardente,
O último beijo foi amargamente gélido,
Ambos gravados em minhas lembranças de um amor que ruiu.
A boca com que me beijastes já não existe mais,
Embora tenha teus lábios avermelhados,
Nenhuma paixão me traz.
Tudo começou com um beijo,
Tudo terminou com um beijo,
Que transformou-se em poesia.

Penumbras da noite

Na madrugada,
Te olhava na porta do teu quarto,
Enquanto dormias incomodada com tuas dores.
Lembrei-me de quando era criança,
Uma vaga memória da tua presença ao meu lado
Nas noites em que estive doente.
Eu no início do meu caminho e tu no final da teu.
Olhei-te entre as penumbras da noite,
Teu corpo enfraquecido e magro confundia-se com as dobras da coberta.
Uma imagem inesquecível que gravou-se em minha mente.
Amei-te com a mesma ternura com que me amaste,
Desejei sofrer em teu lugar o tanto quanto tu desejaste sofrer no meu.
Uma troca de lugares não permitida por Deus.
Eu no meu sofrimento e tu no teu.

Beija-flor

Com suas asas velozes,
Suspenso por sua agilidade e leveza,
Paralisado como que com asas invisíveis,
Jaz o beija-flor.
Seu bico comprido
Penetra no mais profundo da
Adocicada flor,
Extraindo dela o néctar que lhe garante a beleza e vigor.
Óh pássaro pequeno,
Ao passado me fizeste voltar,
Quando meu saudoso pai com
Água doce em flores de plástico buscava te encantar.
Quase uma dezena de flores açucaradas,
Na longa varanda penduradas aguardam a tua chegada.
Meus olhos de menino encantado com a tua beleza,
Sonhava em um dia poder voar com a tua leveza.
Foi-se o beija-flor que por anos meu pai alimentou,
Foi-se a varanda onde um dia este menino sonhou,
Resta apenas a saudade das flores de plástico,
Que com carinho meu pai as pendurou.

Rio Mondego

Leio poesia como quem lê uma prece
Na busca de nela encontrar todo alento
Que minh'alma anseia.
Minh'alma vive assustada pelo vento,
Tal como um pardal assustado
Pelo vendaval.
Na poesia encontro a paz,
A palavra necessária,
E a exortação precisa
Para uma alma em rebeldia.
A poesia retira-me deste mundo frio é insensível,
Para uma nova dimensão onde os sentimentos são entidades vivas.
A poesia passa suavemente pela minh'alma,
Assim como o o Rio Mondego passa silencioso,
Pela bela Cidade de Coimbra.
Oh, rio poético, que assim como a poesia me atrai para as tuas margens!
Sentado contemplo tuas águas espelhadas,
Tal como um monge contempla o céu.

Anseios

No mar dos meus anseios,
Navega a solidão.
O céu azul de saudade,
Envolvendo a nossa paixão.
Com o olhar fixo no horizonte,
O marujo contempla a imensidão.
Tanta água e tanto céu,
Mas nada sacia-me o coração.
A noite é solitária,
Escura e de desmesurada beleza.
Nela vejo o brilho dos teus olhos,
No revérbero da luminescência memorável das estrelas.

Senilidade

Nasci criança, embora tenha vivido como adulto desde cedo.

Fui jovem, embora tenha amadurecido tão cedo que mal vi minha juventude passar.

Fui adulto, embora tenha vivido como carrega nas costas o peso dos anos.

Envelheci, embora busque viver como criança.

Porcelana partida

Sua estatura era pequena,
Como um bom perfume num pequeno frasco.
Nunca ouvi da sua boca palavra de derrota,
Havia sempre um sorriso divino,
Mesmo para os momentos mais dramáticos.
Cumpriu sua sina,
A sina de todos os homens:
Nascer, crescer, envelhecer e morrer.
Se bem que a morte foi-lhe cruel, arrancou-te de dentre teus amores ainda tão jovem.
No teu lugar ficou um vazio que jamais poderá ser preenchido.
Meu Deus, tantas poesias sobre a dor e a morte de quem amamos e partiram em tão pouco tempo.
Meu Deus, por que despojas-nos de tesouros tão significantes e irrecuperáveis?
Meu Deus, já não suportamos mais tantas dores.
Meu Deus, tu que és pai amoroso,
Tens algum conforto para nossas tristes almas?
A vida nunca mais será igual,
Mas com os que ainda ficam ajuntaremos os cacos da belíssima porcelana partida.
Abriremos a janela na esperança de que um vento de

compaixão sopre pela casa e leve este cheiro adocicado de flor,
Flor transplantada do nosso empobrecido jardim,
Para o jardim de Deus, lindo e eterno.

Beleza

Beleza não tem cor, nem tamanho e nem status.
Beleza não é criada, nem duplicada e nem falsificada.
Beleza não tem voz, nem cheiro e nem gingado.
Beleza não tem idade, não envelhece e nem rejuvenesce.
Beleza não é efêmera, nem dura apenas uma noite ou apenas um dia.
Beleza não é adormecida, nem chorada ou ressuscitada com um beijo de um príncipe qualquer.
Beleza é a simplicidade, é a singeleza é a mulher.
Beleza é aquilo que meus olhos não vêem, mas sente o meu coração.
Beleza é você para mim, assim, sem nada tirar e nem colocar.
Beleza é o ser interior, radiante, sincero e sem medo da vida.
Beleza é a coragem de enfrentar os anos, as rugas, os cabelos brancos sem temer deixar de ser amada.
Beleza é a nossa caminhada, juntos, de mãos dadas até deixarmos de ser e no mundo vindouro voltarmos a ser tudo o que fomos, lindos, perfeitos, nossos, eternamente.

Vinho

Escolhi o cálice,
Escolhi o vinho,
Escolhi a ocasião e
Completei com o meu amor.

Morte

Teu perfume enjoativo,
Tua cor pálida,
Teu aspecto cadavérico,
Tua fala afônica,
Teu olhar sem vida,
Tua companhia angustiante,
Tua passagem devastadora,
Tua volta eminente,
Tua despedida de dores,
Tua roupagem sombria,
Teu instrumento cruel.

Eternizando a saudade

O que é a nossa vida senão o acúmulo gostoso daqueles que chegam,
E o vazio saudoso que fica daqueles que partem?
Um dia seremos nós próprios a partir,
Levando conosco a saudade de quem já se foi,
E deixando a saudade para quem permanecer.
E assim seguirá a vida,
Eternizando a saudade!

Neve e fulgor

Caiu a neve na noite fria,
Tudo branquinho ficou ao amanhecer do dia.
Chegou a saudade deixando minh'alma vazia,
Insuportável é a vida sem tua companhia.
Volta logo minha flor,
E dissipa da minh'alma toda dor.
A neve derrete com o ardor do teu amor,
Meu coração de poeta carece do teu fulgor.

Buganvília

A buganvília de cor roxa plantada junto a parede branca que logo avistei, Por seus ramos desformes e suas folhas em abundância por ela me apaixonei.
Que beleza de planta que só de olhar nos encanta,
Não há quem por ti passe, minha buganvília roxa, sem desejar registrar tal formosura colossal.
Teus ramos espalham-se pela parede branca,
Contornando a janela azul,
Quem de fora olha para dentro inveja viver rodeado por ti.
Quem de dentro olha para fora nem sempre lembra-se de que tu estas ali.
Uma tábua sobre duas toras de madeira transformaram-se num lindo banco de jardim, Mas sem tua majestade, minha buganvília, esta imagem não seria assim.
Tua sombra cobre o pátio onde um homem sentado parece aguardar seu fim.
Se meu fim for sob a tua sombra dispenso toda piedade de mim.
Sentado neste banco sob a sombras de tuas folhas roxas
Escrevo meus versos de poeta encantado por tua

beleza sem fim.

Que sejam versos de esperança,

A mesma esperança que tu minha buganvília fizeste brotar em mim.

Janela

Sentado em meu mundo seguro vejo a diante de mim uma janela.

Uma janela antiga e de vidro já gastos pelo tempo e com alguma sujidade.

Com os meus olhos fixos nesta única fonte de luz e conexão com o mundo lá fora me pergunto:

– O que há lá fora?

Meus pensamentos fugazes logo trataram de responder:

– Há vida!

Mas oxalá meus pensamentos fossem um só ou unânimes, mas logo outro pensamento indaga:

– Mas aqui dentro também não há vida?

Foi quando finalmente conseguiram concordar:

– Há vida dos dois lados da janela!

Mas um pensamento que até agora estava quieto perguntou:

– São vidas iguais ou vidas diferentes?

Na busca pela resposta todos os meus pensamentos falavam ao mesmo tempo me levando a uma grande confusão e inquietude.

Depois de muito discutirem concordaram que que há vida dos dois lados da janela, mas são vidas diferentes e fizeram uma lista com as diferenças da vida lá fora comparada com a vida aqui dentro.

Listaram de tudo: frio, calor, chuva, abrigo, conforto, desconforto, segurança, insegurança, alimento, fome, e assim foram trazendo a tona todas as diferenças.

Foi então que do inconsciente da minha mente, daquela parte escura onde se escondem os pensamentos mais perversos, se ouviu uma voz dizendo:

– MEDO.

E todos os demais pensamentos calaram-se, e a palavra medo ecoou horas a fio em minha mente assustada, até que concluí que assim como a vida, o medo vive também dos dois lados da janela.

Crepúsculo

Há dias era jovem exuberante, forte e esbanjador da vida, De pele lisa, cabelos pretos e alinhados,
Nos olhos um um brilho cativante que penetrava a alma.
A mente lúcida memorizava
Fácil os versos, nomes, números e o passado,
O corpo rijo enfrentava todos os obstáculos da vida,
Mãos lisas, firmes e quentes ao tocar despertava o amor.
Então veio o crepúsculo da vida,
Que foi logo seguido pela noite,
E na escuridão da noite houve a transformação.
Hoje a velhice tomou conta deste corpo que luta para manter-se vivo e de pé, A rugas cobriram-lhe o corpo em especial o rosto e cada risco parece revelar um caminho trilhado.
Os olhos enfraqueceram, sua luz apagou-se restando uma névoa na qual a memória perdeu-se.
A mente cedeu ao esquecimento e as fracas e forçosas lembranças, já não sei quem são, quantos são e o que aconteceu,
O corpo curvou-se diante do peso da vida,
As mãos enrugadas, fracas e frias vivem em busca de

algum alento.
Espera-se agora o raiar de um novo dia,
Onde todas as coisas serão feitas novas,
Maranata!

Tejo

O céu azul cobre Lisboa,
E as águas do Tejo refletem a sua cor,
Suave e gélido sopra o vento rio acima trazendo do Atlântico o seu frescor.
Deitado às margens do rio,
Sinto seu perfume, o vento e o sol com seu calor.
Tejo, rio de histórias mil, de onde partiu Cabral que descobriu o meu Brasil.
Tejo que como artéria atravessa Lisboa,
Suas águas são como sangue que dá a cidade esta vida boa.
Lisboa cidade dourada e por seus poetas tão amada.
Tudo é beleza nesta cidade especial,
O céu, o rio, a terra, formam uma combinação colossal,
O Tejo deságua no mar inspirando os poetas o valor de uma vida sem igual.

Tua face de mulher

Tua face expressa uma majestade singela,
Teu olhar é o de uma princesa cativa,
Teus lábios possuem um sorriso discreto e
Tudo isto revela a tua glória de ser mulher.
Uma mulher misteriosa se abriga em ti,
Uma mulher conhecedora dos segredos da vida reluz na tua face, Uma mulher firme e meiga, forte e doce, independente e fraca, Uma mulher mística e desejável.
Vejo em ti o apetite dos homens,
Vejo em ti a beleza de uma rosa negra,
Vejo em ti mistérios desconhecidos,
Vejo em ti uma mulher e o seu segredo.

Borboleta

A borboleta que prendia a deixei voar.
No princípio estática num casulo,
Com paciência a esperei transformar-se,
Logo após a metamorfose uma linda borboleta
Surgiu para me alegrar.
Suas asas eram compridas e belas,
Com cores fortes, azul, preto e amarela.
Minha tentação foi a de prendê-la,
Colando-a num livro de colecionador cruel,
Mas resisti a tentação e por sua beleza esqueci-me logo do papel.
Voou livre e solta a minha borboleta,
Foi lá em cima e depois desceu.
Rodeou-me três vezes esbanjando leveza e beleza.
Não posso aprisionar-te minha borboleta,
Dando-lhe um fim tão cruel numa página de papel.
Como prender tamanha beleza,
Se de ti invejo o voo e leveza?
Na verdade um casulo queria encontrar
E nele abrigar-me até que o teu milagre acontecesse em mim.
Mas ao contrário, pesado, sem asas e sem transformação sigo minha sina arrastando meus pés

no chão.
Voou bem alto a minha borboleta,
Logo entre as árvores se enfiou e da minha vista desapareceu, Preenchendo aquele momento a com tua ausência e beleza.
Nunca mais hás de voltar minha borboleta,
Mas isto não importa, saber que és livre vale-me mais do que possuí-la como se fora prisioneira.
A cada borboleta que encontro,
Vivo o mesmo amor e maravilhosa visão.
Voando como se o ar dos céus fossem feitos de escadas invisíveis, Onde saltas de um degrau ao outro sem parar.
Criando uma linda imagem que igual não haverá.
Onde estás oh minha borboleta que voou sem nunca mais voltar?
Deixou-me uma saudade que nunca mais acabará.
Saudade triste é a do efêmero, pois nunca há de contentar-se.
Embora em meu corpo não surjam asas e cores mil,
Minha mente já voa em pensamentos, ilusões, neuroses e ansiedades, assim como a borboleta resolvi libertar.

Queria reinventar o mundo

Queria reinventar o mundo,
Um mundo menor,
Com menos gente.
Queria um mundo onde só habitassem os amantes da vida,
Um mundo mais aconchegante,
Com mais amor.
Queria um mundo sem armas,
Um mundo sem fome,
Com menos governantes e mais líderes.
Queria um mundo onde não existisse bancos nem bolsas de valores, Um mundo simples,
Com menos riqueza e mais igualdade.
Queria um mundo livre de todo tipo de imposição,
Um mundo de pessoas responsáveis,
Com menos leis e mais organização.
Queria um mundo onde a fé seria voluntária,
Um mundo onde crê quem quer,
Com mais sinceridade e piedade e menos falsidade e fanatismo.
Queria um mundo de branco, negros e pardos 'todos juntos e misturados', Um mundo sem classe social e sem títulos,

Com gente educada e bem preparada.

Queria um mundo com muitas flores, jardins, florestas e rios, Um mundo verde e com todo tipo de bicho,

Com gente consciente sobre a necessidade da preservação da vida e da natureza.

Queria um mundo com menos carros, só os necessários para o transporte público, Um mundo com mais bicicletas, mais ciclovias e lindas calçadas, Com gente indo e vindo, com sorrisos no rosto e boa saúde.

Queria um mundo de muitas cores,

Um mundo diversificado,

Com gente de todo lado.

Queria um mundo de poetas, cancioneiros, filósofos, dançarinos e toda sorte de arte,

Um mundo sem profetas,

Com gente livre, pensadores e responsáveis pelo seu próprio destino.

Queria um mundo de valores morais, onde sexo fosse assunto privado, Um mundo onde homens, mulheres e que suas escolhas fossem respeitadas, Com gente autoconfiante, sem a necessidade de expor seu corpo para atrair a atenção.

Queria um mundo de gente apaixonada,

Um mundo de respeito e sem traições,

Com gente caminhando de mãos dadas numa profunda expressão de amor.

Queria um mundo com menos ruídos e mais vozes e o som da boa música, Um mundo alegre, mas sem drogas, bebidas e cigarros,

Com gente livre de vícios e com boa disposição.

Queria um mundo sem fronteiras,

Um mundo de apátridas,

Com gente em todos os lados sentindo-se igualmente parte desta grande família chamada humanidade.

Retalhos meus

Fecho os olhos e imagino que estão perto as pessoas a quem amei, Vejo seus rostos, seus sorrisos, suas docuras e
A saudade parece ocultar-me cada um de seus defeitos,
Aliás, todos os meu mortos são perfeitos.
Não vejo espíritos, não ouço vozes, não vejo vultos,
O que vejo são as imagens grudadas em meu subconsciente
Daqueles a quem amei e
Para sempre os amarei.
A cada dia que passa a vida busca desgastar seus nomes,
Como se fossem apagando-os aos poucos a medida que aqueles que não os amaram como eu
Deixaram de pronunciar seus nomes tornando-os apenas a lembrança vaga daqueles que um dia foram.
Mas eu não os posso esquecer, nem desejo esquecê-los, pois foram por demais preciosos para mim.
Não culpo quem os esqueceram, nem aos que me dizem: "Esquece!"
Como poderiam entender o amor com o qual os amei?
Minha fraqueza, minha depressão, minha neurose

parecem reforçarem está saudade.

Fechar os olhos e imaginá-los tão perto, seja saúde ou doença, ameniza um pouco a saudade.

Numa sequência cruel, com intervá-los curtos a morte roubou-me sem nenhum pudor, Irmão, tio, pai e amigos deixando um vazio tão grande e impossível de ser preenchido.

Numa sequência cruel, com intervá-los curtos a vida me feriu profundamente através daqueles em quem confiei.

Traído e ferido pelos vivos e abandonados pelos mortos adoeci de maneira inexplicável.

Cai em queda livre num poço que parecia sem fundo,

Tudo o que via era a escuridão.

Uma confusão sem precedentes tomou-me a mente,

E feriu-me mortalmente no coração.

Perdi a confiança nos vivos e nos mortos,

Perdi a confiança em mim mesmo.

Perdi o caminho de volta e ainda não o encontrei.

Perdi o fôlego,

Perdi o entusiasmo,

Perdi a paixão,

Perdi a alegria,

Perdi a sensação da vida.

Ao abrir os olhos e ao olhar para trás só vejo retalhos de mim mesmo deixados pelo chão.

Desfiz-me aos poucos de tal maneira que reunir todos esses retalhos meus e uní-los um a um é um trabalho sem fim e para o qual me falta a força e o ânimo.

Resolvi abandonar-me nas estradas e seguir com o que restou.

Assim sinto-me mais leve e como se fosse apagando aos poucos na história,

Restando apenas eu, um eu fraco, despido e ferido, escândalo e escárnio,

Que busca seguir mesmo sem força e sem coragem,

Apenas seguir, como quem não sabe onde deseja chegar nem porque deseja ir.

Amor singular

Nenhuma nuvem é igual a outra,
Nenhuma água percorre duas vezes o mesmo rio,
Nenhuma estrela cadente atravessa duas vezes a escuridão do céu, Nenhum canário gorjeia igual a outro.
Os riscos da tua mão são diferentes dos riscos de todas as outras, O brilho dos teus olhos não podem ser encontrado em nenhum outro olhar, O gosto do teu beijo é doce e singular,
O cheiro do teu corpo noutro lugar não há.
Nosso amor é a nuvem em forma única que atravessa o céu,
Nosso amor é a água que desce sem volta pelo leito do rio em direção ao mar da nossa paixão onde desaguará,
Nosso amor é o meteoro luminoso que deixa seu rasto no céu, Nosso amor é o gorjear dos pássaros que acasalam-se em seus ninho suspenso num florido jacarandá.
Impossível outro amor igual ao teu encontrar,
Impossível repetir a volúpia que nos envolve em cada encontro, Impossível provar do teu beijo, tocar no teu corpo e sentir o teu cheiro e não me apaixonar,

Impossível que nosso amor venha um dia se apagar.
Sou teu, tu és minha, somos um pertencente ao outro,
Sou apenas eu, contigo, és apenas tu, comigo,
Sou paixão envolto em pele, és volúpia, és mulher,
Sou poeta consciente que um amor igual a este nunca mais repetir-se-a.

Cinzas sobre um mesmo altar

Seguirei minha sina de cabeça erguida,
Sem permitir que a maldade humana mude-me de caminho.
Caminharei ainda que seja por vias apertadas,
Continuarei mesmo sem ver pegadas ou rastos, seguirei ainda que sozinho.
Que cada passo meu seja uma atitude que cura feridas.
Tenho a sorte e o azar de nascer numa era que desaprende a amar, Sorte, pois ainda fumega o pavio do amor, azar, pois este paulatinamente se extingue.
Escolhi não mudar de caminho.
Continuarei em frente amando, socorrendo, consolando e perdoado, Pois, o amor é uma via de mão única, sem retornos, amarei mesmo que só pelo prazer de amar.
Quando meu caminho cruzar com o caminho do ódio, resistirei o mal, continuarei a amar.
Quando meu caminho cruzar com injustiça, resistirei a multidão, continuarei a ser justo.
Quando meu caminho cruzar com a indiferença, responderei com a atenção dedicada.
Quando meu caminho cruzar com a maldade,

escolherei perdoar.

Quando meu caminho terminar, não quero levar nada que não trouxe a este mundo.

Quero ser cinzas de pouca importância espalhada com as demais cinzas da humanidade espalhadas sobre um mesmo altar.

Onde estás

Os homens vasculharam os céus com as suas naves e telescópios, Porém, sem nunca encontrarem-te
Desceram às profundezas dos mares com seus submarinos,
Porém, nenhum sinal de ti.
Onde estás?
Todos os desertos do mundo foram atravessados,
Porém, nunca fostes encontrado.
Já escalaram as mais altas montanhas,
E, em nenhuma delas foste achado.
Onde estas?
Subi dezenas de vezes num avião,
E em cada viagem procurei por ti nas nuvens,
Sem nunca te avistar.
Meu Deus, maravilho é este mistério!
Onde estás?
Depois de percorridos todos rios,
De penetrarnos todas as florestas,
Resta-nos a realidade é a tua presença invisível
E silenciosa.
Onde estás?
A filosofia nos diz que tu te amalgamaste com a criação,

Obras das tuas mãos.

No entanto, és grande demais para que o existente te contenhas, E és lindo demais para que tua beleza seja camuflada pelas mais belas obras das tuas mãos.

Onde estás?

Como disse o poeta: "… Deus é assim mesmo: um grande, enorme Vazio, que contém toda a Beleza do universo."

E eu, sou quem? Sou um peregrino sedento que anda a tua procura.

Na verdade já o encontrei, sem nunca ter-te visto.

Já senti-te, sem nunca ter-te tocado.

Onde estás?

Esta pergunta agoniza a minh'alma,

Pois parece fortalecer os ateus.

Mas que direito tenho de conceber o inconcebível, de ouvir o inefável, de ver o invisível?

Sou apenas uma alma moribunda que satisfaz-se com gotas da tua graça, que são mais doce que o mel.

Onde estás?

Mulheres por um preço

Uma lágrima desceu pelo rosto,
Contornou a face e acumulou-se no queixo.
Ninguém ofereceu um lenço para reter as lágrimas,
Nem um ombro amigo disposto a dar conforto.
Quem chora?
A rapariga roubada de seus entes queridos,
Vendida, traficada, violada e espancada,
Objetos sexual de homens que se desumanizaram pela luxúria e tornaram-se bestas vestidas de gente.
Quem descobrira de onde vem o choro quase silencioso?
Quem buscará pela vítima desta bestialidade?
Quem acreditará em sua história?
Quem lhe oferecerá socorro?
Malditos sejam todos os homens que tocam numa mulher contra a sua vontade!
Que suas almas possam arder no fogo do inferno e sua consciência nunca mais encontrar a paz!
Que haja um fim glorioso para cada uma história dramática.
Que haja um retorno para cada mulher arrancada da sua terra.
Que haja justiça em todos os meios para reparar o

tamanho da dor causada por esta brutalidade.

Que haja esperança!

Até lá choro com as mais de 800 mil mulheres vitimas desta crueldade!

Noruega

Noruega dos meus encantos,
Tua beleza espalha-se por todo canto.
Teu povo, bravos guerreiros,
Desde a antiguidade percorreram o mundo inteiro.
Teus fiordes de tão lindos parecem-nos quimera,
Tanta beleza num só país de esmerada riqueza.
Não fostes sempre tão rico, apesar de teres sido sempre tão belo, Teu povo honesto e de altos valores construíram este país como Thor e seu martelo.
Oxalá o mundo aprendesse contigo o valor da integridade,
Em todo o mundo seria ventura pertencer a sociedade.
Que saudades tenho dos teus bosques, lagos e do teu vento frio, E aguardar com ansiedade a primavera e teu lírio.
Noruega de tão bela parece uma tela pintada,
Tua melodia eufônica por Grieg entoada.
Em dezessete de maio mostras as tuas qualidades,
Não com armas, mas com flores e teu colorido bunad.

Rastos

A vida passa e deixa um rasto de saudade,
Os rastos alheios tentamos perseguir e os alcançar,
Sem nunca o conseguir.
Os nossos rastos ficaram para trás,
E confundem-se com as sobras.
Não importa a direção,
Prosseguir e perseguir o que passou?
Como diz a velha canção: "a vida passou na janela, mas Carolina não viu."
Ou regressar para apanhar um passado amassado
Que deixamos cair ao chão?
Sou absorvido por este sentimento para o qual não inventaram palavras, Vivo a tensão do que passou e do que ainda está por vir.
Sou confusão em forma de gente.
Gente que sente,
Gente que chora.
Sigo rastos de quem não conheço e nem sei para onde vai,
Apenas sei que tudo em mim é saudade,
Uma saudade que rói a alma,
Tal como o cupim rói a madeira.
Matando-me aos poucos,

Lembrando-me de que não tarda e de que seremos todos rastos.

Noutro dia

Num dia o sorriso,
Noutro dia o pranto.
Num dia o afago,
Noutro dia o abandono.
Num dia a tua presença,
Noutro dia a tua ausência.
Num dia a alegria,
Noutro dia a tristeza.
Num dia beijei-te um beijo de boa noite,
Noutro dia beijei-te um beijo do adeus.

Alentejo

Alentejo, terra de poetas,
Terra igual neste mundo não há.
Tua terra seca e dura é o sinônimo mais perfeito da vida humana.
O que é a vida se não sequidão e ainda beleza?
Uma harmonia entre lágrimas e riso?
Alentejo, terra do meu descanso,
Silencioso e sereno, como se a vida aqui tivesse encontrado a forma de parar o tempo.
Quase nada acontece entre o nascer e o pôr do sol,
Nesta terra onde não há pressa o tempo passa conforme vamos vivendo.
Alentejo, adiante de mim vejo uma árvore ressequida, vegetação rasteira, cactos, sobreiros,
E do outro lado vejo vinhas à perder de vista, oliveiras centenárias, flores e árvores frutíferas.
Que harmonia! Tanta terra, tanta água.
Meu Deus que coisa linda!
Alentejo, que seria da minha vida neste país sem os dias em que descansei de corpo e alma em ti?
Muitos dos teus filhos te deixaram por razões mais diversas,
Contudo, por amor, sempre retornarei a ti.

Mãe

Há vinte anos que deixei-te,
Mas nunca nos separamos.
Não houve distância longa o suficiente,
Que silenciasse nossas prosas humoradas.
Falavas-me sempre do obituário do nosso rincão,
Dizias-me: "Morreu o Sr. José, marido da Dona Clarinha."
E eu ria, não dá fatalidade alheia, mas da tua forma de falar.
Não passava por minha mente que tu um dia no obituário de outro haverias de estar.
Hoje me deu uma saudade,
Saudade de contigo falar e rir da vida.
Mas, já não te tenho!
Disseste-me antes que deixaria-nos,
Era a dura realidade que não quis acreditar.
As pressas foste mesmo,
E deixaste meu coração de tanta saudade a chorar.

Menina moça

És assim tão jovem, tão bela, tão confusa, tão mulher.
Como uma rosa nascida despercebidamente,
Assim foste tu, nasceste à noite e desabrochaste pela manhã.
Continuarias despercebida, se não fosse teu perfume de menina moça, Teu perfume de flor adocicado.
És assim tão jovem, tão bela, tão determinada, tão insensível.
Como mulher que cresceu despercebida,
Assim foste tu, que cedo conheceu a cor, o cheiro e a força da liberdade.
És livre, mas continuas como a rosa aprisionada ao solo,
E tu aprisionada ao amor.
És assim tão jovem, tão bela, tão amante, tão amada.
Como mulher que conheceu o amor,
Assim foste tu, que conheceste o sofrimento.
És amante, és amada, és livre e és escrava.
Escrava do teu próprio coração de menina.

Você

Um rosto de menina,
Um corpo de mulher,
A singeleza de uma flor,
A bravura de uma rainha.
Linda, linda, linda... apenas um poeta encantado...

A velhice nossa de cada dia

A velhice aflora lentamente, como uma dádiva ou destino nosso de cada dia,
Chega enfraquecendo o corpo e a mente paulatinamente, quase imperceptível.
Um dia olhámo-nos no espelho e lá tu estas,
Tão presente, tão marcante, tão distante daquele que um dia fomos.
A velhice aflora lentamente, como uma dádiva ou destino nosso de cada dia,
Levando para longe nossa juventude e vigor.
Um dia apercebemo-nos da pele enrugada, dos cabelos embranquecidos
E da memória que recusa-se a olhar para frente, mas para um passado que já não existe mais.
A velhice aflora lentamente, como uma dádiva ou destino nosso de cada dia,
Traz consigo a sabedoria, fruto de anos a fio de nossa ignorância.
Um dia encontramo-nos a aconselhar os mais jovens
A não fazerem o que fizemos e gostamos.
A velhice aflora lentamente, como uma dádiva ou destino nosso de cada dia,
Com ela surgem as dores do corpo e da mente.

Arrependimentos pelo que fizemos ou deixamos de fazer,
Remorso por atitude tão mesquinha, tão humana, tão nossa.
A velhice aflora lentamente, como uma dádiva ou destino nosso de cada dia,
Com ela ressurgem as lembranças dor amores não vividos.
Amores que vieram, passaram e se foram,
Mas o melhor deles ficou e connosco envelhece nesta mesma sina inevitável.
A velhice aflora lentamente, como uma dádiva ou destino nosso de cada dia,
Apagando lentamente a luz da vida temporal, enquanto acende outra na atemporal.
O corpo finalmente se rende, curvando-se diante desta implacável realidade,
Com os olhos enfraquecidos contemplamos um horizonte que apaga-se lentamente,
E como que num teatro abrem-se as cortinas de uma nova dimensão.

Os limites do amor

Entre os deuses do Olimpo,
Hermes foi sem dúvida um dos maiores amantes,
Um deus com uma fome insaciável pelo amor,
Que amor?
Que importa? Se todas renderam-se ao seu encanto.
Exceto uma, Perséfone, impedida de a Hermes entregar-se.
Nem mesmo os deuses do Olimpo foram capazes de todas as deusas amar.
Que diremos do homem? Uma só vida e tão curta para tantos amores!
O homem e sua fome insaciável pelo amor.
Que amor?
Que importa?
Se todas rendem-se ao seu encanto.
Exceto uma, Maria ou Joana. Sempre haverá uma impedida de a ele entregar-se.
Nem mesmo os homens possuem liberdade tal para sem limites amar.
Quantas deusas no Olimpo, quantas mulheres neste mundo?
Que importa se apenas uma interessa?
Um grande amor corre sempre o risco de deparar-se

com Deméter,
Que impedirá com sua força e impiedade que este amor venha a realizar-se.
Será Deméter cruel ou sábia para impedir certos amores?
Que importa?
O amor nunca deseja conhecer limites.
Se pudesse escrever um verso sagrado seria: "Ao homem está ordenado amar uma só vez e depois disto enfrentará o juízo."
Mas o livro Santo maiores advertências traz.
Que importa?
Se a sina humana parece ser afrontar Deméter e todos os versos santos por pura luxúria, puro prazer.
Carnal?
Que importa?
Hermes não era carnal e a tantas amou!
Tantas! Menos uma, Perséfone. Esta é símbolo do limite para deuses e homens de que nem todo amor é para ser vivido.
Que nos resta?
Seguir!
Mas para onde?
Que importa?
Sigamos pelo caminho que nos está aberto, pois nem tudo podemos escolher!

Meu Portugal

Azul como é a cor do teu céu,
Noutro lugar não há.
Teus mares e teus rios banham esta terra de
Vinhas, cortiças, hortaliças e olivais.
Terra de homens valentes,
Navegaram o Ocidente e o Oriente.
Conquistaram terras de brancos, pardos e negros,
Expandindo as fronteiras do nosso pequeno Portugal.
Teus poetas nutriram sonhos e amores,
E teus fados as lágrimas e dissabores.
Teus vinhos a alegria de ricos, pobres, religiosos e pecadores.
Não há quem por ti não caia meu Portugal, em felicidades e amores.
Terra de meus antepassados,
Que um dia para o outro lado do Atlântico partiram,
Mas retornei a ti meu Portugal,
Como um filho pródigo volta ao pai esquecido.
Quem saberá até onde chegou Camões e os Lusíadas?
Quem saberá quantas almas foram tocadas por Fernando Pessoa?
Quem no mundo não apaixonou-se pelos versos de Florbela?

Quem não teve o peito inflado por pelos versos de Almeida Garrett.
Teus reis, homens de grande bravura,
Onde no mundo há um rei como Infante Dom Henriques?
Expulsou com a destreza da sua espada os invasores mouros.
E ali na belíssima cidade de Guimarães fez nascer Portugal.
Celebramos o Portugal milenar,
Que atravessou anos de alegrias e anos de dores.
Continuará a existir e a fazer história,
Pois somos um país de grandes valores.
Viva Portugal,
Viva mil anos mais!
Quem foi rei nunca perde a coroa,
E tua glória não se apagará jamais!

A amizade nunca acaba

A amizade é um misterioso encontro que se dá na alma,
Na minha e na tua simultaneamente como se fossemos almas gêmeas.
Quando a amizade alcança o místico nível deste encontro
Elas dão-se as mãos e nunca mais separam-se.
Nada há mais belo que a amizade,
Ela obscurece todas as demais belezas que existam a nossa volta.
A amizade é luz indivisível, majestosa, à qual todas as outras se dobram.
Na amizade temos a possibilidade única de gozarmos como plebe do sentimento da realeza.
Na amizade as almas coroam-se mutuamente,
Na amizade todos são reis e rainhas,
Na amizade todos são especiais,
Na amizade só há o bem te quero.
A amizade desconhece cor, nacionalidade, raça e nível social, A amizade desconhece idade e gênero,
A amizade desconhece a distância,
Nunca é longe demais para quem se ama.
A verdadeira amizade segue conosco pela vida à fora,

A verdadeira amizade não conhece o fim da estrada,
A verdadeira amizade eternizou-se no encontro que se deu na alma,
E agora, mesmo sem te ver, seguimos caminhando de mãos dadas,
Em nosso reino onde é para sempre primavera.

Magoei-te sem querer

Magoei-te sem querer,
Como quem estava a colher flores e deixei-te cair no chão.
Quão descuidado sou tanto em palavras como em ação.
Quando percebi a tua magoa, sangrou-me o coração.
Magoei-te sem querer...
Como quem descuidado vai e pisa no cristal que no chão espatifado jaz.
Quão descuidado sou por falta de atenção te dar.
Quando percebi a tua solidão, voltei para ao teu lado ficar.
Magoei-te sem querer...
Como quem repetidas vezes o faz.
Quão descuidado sou por repetir o que jurei jamais.
Quando percebi que mais uma vez feri, prometi que não faço mais.
Magoei-te sem querer...
Como quem pela vida vai, mas certamente quando morrer mágoas não te causo mais.
Quão jovem sou eu, quão longe terás de me suportar.
Quando percebi os anos que temos pela frente decidi para sempre te amar.

Autor

Casado há 14 anos e pai de duas lindas meninas, nascido na cidade de Petrópolis, RJ, Brasil, em Janeiro de 1974. Luis é licenciado em Estudos Bíblicos e Teologia (BA), Mestre em Administração de Eclesiástica e Liderança (MA), possui o Grau de Doutor em Ministério (D.Min.) e é ainda Doutorado em Filosofia. Seus trabalhos inclui servir como um pastor local e professor no Seminário Teológico Baptista, em Queluz, Portugal. É membro da Society of Christian Philosophers, membro da Sociedade Brasileira dos Poetas Aldravianistas, membro do Movimiento Poetas Del Mundo, membro da Associação Portuguesa de Poetas, membro da União Brasileira de Escritores, membro da Academia de Letras e Artes de Portugal, membro da Academia de Letras e Artes Lusófonas e filiado à Junta Administrativa de Missões da Convenção Batista Nacional. Luis atuou em vários países, o que deu-lhe uma importante experiência transcultural. Sua teologia é reformado e como poeta, possui um estilo melancólico seguindo o padrão dos ultra-românticos do século XIX, é um humanista caracterizado pela idéia de que o homem só consegue conhecer a sua verdadeira essência através do conhecimento de Deus. Luis vive em Lisboa, com a sua família e possui obras publicadas nas áreas de espiritualidade, teologia, filosofia e antologia.

www.ingramcontent.com/pod-product-compliance
Lightning Source LLC
Chambersburg PA
CBHW032207040426
42449CB00005B/476